- एक अनूठा काव्य संग्रह

नेहा ढींगरा

BlueRose Publishers
NewDelhi • London

First Published in January 2022

ISBN: 978-93-5472-957-7

BLUEROSE PUBLISHERS

www.bluerosepublishers.com

info@bluerosepublishers.com

+91 8882 898 898

Cover Design:

Aveek

Typographic Design:

Tanya Raj Upadhyay

Distributed by: BlueRose, Amazon, Flipkart

प्रस्तावना

"जिंदगी" किताब हमारी जिंदगी के उन पहलुओं को उजागर करती है जिन पर आज के समय में विचार करना बहुत ही आवश्क होगया है। इस किताब में औरत की जिंदगी के बहुत सारे ऐसे पहलू दरसाये गए हैं जिनके बारे में हम जान कर भी अनजान बन जाते हैं। इस किताब में आप देख सकते हैं कि कहीं पर तो स्त्री को समाज में दुखी बताया गया है तो कहीं पर उसको खुश रहने और आगे बढ़ते रहने वाली बताया गया है। कभी कभी स्त्रियों को लगता है कि उनका जीवन केवल मर्दों की सेवा करने में बीत जाएगा और कहीं वो अपने स्वाभिमान के लिए पूरी दुनिया से लड़ने की ताकत रखती हैं। मनुष्य की अगर बात की जाए तो हर व्यक्ति की जिंदगी में मुश्किलें होती हैं और उससे बाहर निकलने का कोई ना कोई रास्ता भी होता है। इस किताब में मानव की परेशानियों और उसे दूर करने पर भी कुछ लिखा गया है।

अभिस्वीकृति

ऐसे समय होते हैं जब मौन किसी की प्रसंशा के शब्दों की तुलना में बहुत अधिक ज़ोर से बोलता है, जैसे कि एक छोटा व्यक्ति, जिसके शब्द व्यक्त नहीं करते हैं, लेकिन केवल सच्ची भावनाओं पर एक लिबास डालते हैं, जो इस समय कृतज्ञता है।

मैं अपने माता – पिता के महत्वपूर्ण समर्थन, मार्गदर्शन, प्रोत्साहन के लिए अपनी हार्दिक कृतज्ञता व्यक्त करना चाहती हूं – जिसके बिना यह काम आगे नहीं बढ़ पाता।

मैं इस पुस्तक के निर्माण के दौरान अपने दोस्तों के दिए गए समर्थन के लिए अपना आभार व्यक्त करना चाहती हूं जिन्होंने मुझे प्रोत्साहित किया इस पुस्तक का निर्माण करने के लिए।

लेखिका परिचय

पंजाब राज्य के फरीदकोट जिले के अंतर्गत एक छोटे से शहर 'कोटकपूरा' से ताल्लुक रखने वाली "नेहा धींगरा" एक उभरती हुई रचनाकार हैं। उनका मानना है कि जीवन तब उबाऊ हो जाता है जब आप में अनुसरण करने का जुनून नहीं होता। हालांकि वह एक शिक्षिका हैं, लेकिन इसके अलावा वह वास्तव में लिखने और दूसरों की मदद करने के अपने इस जुनून का पालन करना चाहती हैं। वह अपनी कविताओं के ज़रिए समाज के उन मुद्दों पर रोशनी डालना चाहती हैं जिनके ऊपर विचार विमर्श करना आज के दौर में काफ़ी आवश्क हो गया है। वह वही लिखती हैं जो वह महसूस करती हैं ताकि पाठकों में स्वाभाविक भावनाएं हों।

विषय सूची

जिंदगी

- जिंदगी में हजारों गम हैं....
  फिर भी हंसते रहने की उम्मीद है.....
  सांसे जरूर कम हैं......
  फिर भी चलते रहने की उम्मीद है.....
  राहों में बिखरे हैं कांटे हर जगह...
  फिर भी मंजिल पा जाने की उम्मीद है.....

- आखें खोलती हुं हर नई सुबह के साथ....
  सपने सच करने की दुआ के साथ.....
  मालूम है हर सुबह के बाद रात आती है.....
  फिर भी कोशिश करती हुं....
  क्यूंकि वो रात सपनों का साथ लाती है.....

- यूं चलते चलते एक दिन जिंदगी गुजर जाएगी....
  और मौत....
  मौत जिंदगी से भी बद्तर आएगी.....
  क्या हसीन नजारा होगा....
  हम अलविदा कह जायेंगे....
  लेकिन फिर भी यह जहां हमारा होगा.....

क्या पता इंसान ही बदल जाए

- सब अपनी सोच के हैं बंदे....
  हर कोई वैसे ही चलना चाहे....
  जरा नजर बदल कर देखो.....
  क्या पता इंसान ही बदल जाए......

- सोच ही दोस्त है.....
  सोच ही दुश्मन ....
  सोच ही राही को रास्ता दिखाए.....
  जरा नजर बदल कर देखो.....
  क्या पता इंसान ही बदल जाए.......

- एक डोर से बंधे हैं हम......
  सबकी एक ही है मंजिल.....
  ना कोई अपना ना कोई पराया यहां.....
  फिर क्यों तू भेदभाव करता चला जाए.....
  जरा नजर बदल कर देखो.....
  क्या पता इंसान ही बदल जाए........

- सबकी अपनी सोच है.....
  अपना ही नज़रिया.......
  हर कोई खुद को दूसरों पे थोपना चाहे.....

जरा नजर बदल कर देखो......
क्या पता इंसान ही बदल जाए........

- सोच ही है.....
  जो इंसान का खुद से सामना करवाए.....
  सोच ही है.....
  जो दर्पण बन फितरत को दरसाए......
  जरा नजर बदल कर देखो......
  क्या पता इंसान ही बदल जाए.......

मैं तो हर रोज मरती हूं

बैठी थी मैं अपने ही ख्यालों में.......

तभी मौत ने आकर दरवाज़ा खटखटाया........

मुझे बेफिक्र देखा तो पूछने लगी......

तुझे ऐसा है किसने बनाया........

क्या डर नहीं है तुझको मेरा.....

मौत हुं मैं.....

क्या देखकर मुझे दिल नहीं कांपता तेरा......

यह सुन कर मेरे चेहरे पे मुस्कान थी.....

और मेरा जवाब सुन कर.......

खुद मौत भी हैरान थी........

ऐ मौत.........

तेरी राहों से तो मैं हर रोज़ गुजरती हुं.......

कभी जाने अनजाने में तो कभी जान बूझ कर तेरा चोला तो मैं हर रोज़ पहनती हुं........

कभी कोख में मार दी जाती हुं........

तो कभी जन्म लेने के बाद पल पल हारती जाती हुं.........

कभी मेरी खुशियों को दफनाया जाता है.........

तो कभी जीते जी जला कर......

मुझे दाज की बली चढ़ाया जाता है.......

उड़ान भरू इससे पहले ही मेरे पर काट दिए जाते हैं....

हर दिन नजाने क्यों बड़ी बेदर्दी से.....

मेरे सपने जड़ से उखाड़ दिए जाते हैं.....

मेरी तो कहानी ही बड़ी अजीब है.....
कहने को बेटी हुं मैं....
पर फिर भी लिखने वाले ने ......
यह कैसा लिखा नसीब है....
कोई सिंदूर के नाम पर मुझे लूटता है.....
तो कोई अपनी हवस मिटाने के लिए......
बड़ी बेरहमी से मुझ पर टूटता है........
बाप कभी दुनिया दिखा कर मारता है......
तो कभी कोख में नन्ही सी जान को गिरा कर मारता है ....
कोई मेरे सपनों को बेकार बताता है.......
तो कोई मुझे किस्मत का शिकार बताता है.......
ऐ मौत.......
मुझे डर नहीं है तेरा ......
जानती है क्यों ....
क्यूंकि मैं तो हर रोज़ मरती हुं ....
कभी अपनों के हाथ से......
तो कभी बेगानों की बात से ....
कभी किसी के शिकार से ....
तो कभी किसी के प्यार से ....
कभी सपनों की हार से .....
तो कभी जिम्मेदारियों की मार से ....
कभी इस अंधकार से ......
तो कभी रोशनी की गुहार से ....
कभी इस समाज से ...
तो कभी इसके खोखले रिवाज से ....

मैं तो हर रोज़ मरती हुं.........
अपने ही अश्कों को मैं हर रोज़ पढ़ती हुं.....
ऐ मौत .....
मैं तो हर रोज़ मरती हुं ....

किस हक़ से खुद को इंसान बताते हो??

आज फिर इंसानियत शर्मसार हो गई.....

इस देश की एक और बेटी बलात्कार की शिकार हो गई ......

अरे शर्म आनी चाहिए ......

किस हक से खुद को इंसान बताते हो???

महज आठ साल की बच्ची थी वो.......

जिस पे तुम जैसे जानवर अपनी हवस दिखाते हो ...

बड़ा मज़ा आ रहा होगा ना.....

उस वक्त खुद को शर्मसार करके.....

अपनी ही नज़रों में खुद को बेकार करके .....

चलो आज जरा बता ही दो मुझे .....

कैसा लगेगा उस वक्त .....

जब तुम्हारी बेटी को कोई छू रहा होगा ......

नशे की गोलियां दे दे कर......

अपनी हवस मिटा रहा होगा ......

बड़ा मज़ा आएगा ......

तुम्हें भी तो आया......

जब तुमने किसी और की बच्ची को अपना शिकार बनाया ...

फिर तुम्हारी बेटी भी दर्द से कराह रही होगी ....

और तुम ..... तुम तो मजे से अपनी हैवानियत दिखा रहे होगे ...

अरे कुछ तो शर्म करो.......
कुछ तो शर्म करो .....
और किसी का ना सही ......
पर कम से कम अपनी बेटी का तो लिहाज़ करो....
कुछ तो सोच विचार करो .....
कुछ तो सोच विचार करो ....

कुछ तो सोच विचार करो

- सूरज की तरह चहकती थी मैं ......
  मानो हो फूलों की महक ...
  ऐसे महकती थी मैं ....

- फूलों सी धरती को आज बंजर कर दिया .....
  उस दरिंदे ने ......
  मुझे मुझसे ही अलग कर दिया......
  वो शोर मचा मचा कर बोल रहा है .....
  पर फिर भी .....
  हर कोई मुझे ही अंदर तक टटोल रहा है.....
  क्या यह तुम्हारी दुनियादारी है ...
  जहां एक लड़की हुई बेसहारी है ......

- ऐ बाबुल .....
  आज तुझसे मैं सवाल पूछती हुं .....
  तूने हर पल मुझे बेड़ियां लगाई रखी ....
  यह नहीं पहनना, वो नहीं पहनना .....
  की तरह तरह की शर्तें लगाई रखी .....
  आज बता मुझे ....
  क्या तेरी वो शर्तें उस दरिंदे को रोक पाई??
  मेरे आंखें नीची करने से .....
  क्या उस दरिंदे को शर्म आई???

- यह कैसे उसूल हैं???
  क्या लड़कियां तुम्हारी जूतों की धूल हैं???

- अरे कोई जरा बताओ मुझे.....
  मां को हम भगवान का दर्जा देते हैं....
  फिर क्यों बेटी पैदा करने से डरते हैं???
  अपनी बहन की तरफ कोई आंख भी उठाए तो आखें नोच
  लेते हैं .....
  फिर क्यों किसी और की बहन को गंदी नज़र से देखते हैं???
  खुद को बेटी को नाजों से पालते हैं .....
  फिर क्यों बहु को जीते जी आग में उतारते हैं??

- यह सवाल जो हर बार उठाए जाते हैं.....
  और हर बार ही सुनने के बाद .....
  मिट्टी में दबाए जाते हैं .....

- अरे कुछ तो शर्म करो .....
  थोड़ा तो सोच विचार करो .....
  पूरी दुनिया का ना सही ...
  पर अपने घर परिवार का तो सुधार करो ....
  इतना मत अत्याचार करो ...
  कुछ तो सोच विचार करो ....

औरत

* गौरव का दूसरा नाम है ......
समाज की तू शान है ....
तू जो दे जिंदगी ......
तो बन जाती वरदान है ...
ऐ औरत ....
तू सच में महान है........

* हर पल तेरे सब्र का इम्तेहान है.....
हर हार में जीत का पैगाम है ....
चाह कर भी ना चाहे खुद को ....
इसीलिए तो कहते तुझे .....
खुदा का दूसरा नाम है.......
ऐ औरत ...
तू सच में महान है....

* अंधेरे में तू दीए सी रोशन है ......
उम्मीद से प्यारा तेरा हर मौसम है ....
बेटी बन जब तू खिलखिलाती है ....
तो हर बाप को हो जाता मान है ......
ऐ औरत ...
तू सच में महान है ....

- जवानी में इज्जत बनाए रखना तेरा काम है ....
  तेरी इज्जत से ही होता परिवार का नाम है....
  अगर कल्पना चावला, सानिया मिर्जा इन सब के जैसे कुछ
  कर दिखाए तो......
  तू बन जाती देश की शान है .....
  ऐ औरत .....
  तू सच में महान है ....

कुछ सवाल

मुझे मेरे सवालों का जवाब चाहिए.......
लड़की हुं तो क्या हुआ ....
मुझे मेरे उस हर पल का हिसाब चाहिए ......
जब हेवानगी की हद तुम पार कर रहे थे.......
तब क्यों नहीं कांपे तुम्हारे हाथ .....
जब गंदी नज़रों से मुझे घूर रहे थे ......
तब क्यों नहीं हुए तुम शर्मसार......
कभी खुद को मेरी जगह लाकर तो देखो .....
कभी तुम भी अपने इन आसुओं को बहा कर तो देखो.......
अपनी हवस का शिकार बना के .....
तूने मेरी जिंदगी को उजाड़ दिया .....
जब जवाब मांगा मैंने तुमसे .....
तो दुनिया ने मुझे ही बदतमीज करार दिया ....
अरे.... कभी खुद को मेरी जगह लाकर तो देखो.....
अपनी इज्जत अपनी ही नजरों के सामने .....
उतरवा के तो देखो .....
फिर मैं पूछूंगी तुमसे .....
कैसा लगता है उस वक्त .....
जब कोई तुम्हें सिर से पांव तक घूर रहा हो....
कैसा लगता है .....
जब तुम्हारी मर्जी के बिना .....
तुम्हें कोई अंदर तक टटोल रहा हो .....

बस एक बार..... बस एक बार .....
तुम भी रेप करवा के तो देखो .....

नारी का स्वाभिमान

रिश्तों और रिवाजों से बंधी डोर हुं ......
सुनाई ना दे कभी किसी को......
वैसा मैं एक शोर हुं .....
जिसका आसमान पे राज है .....
वो पतंग हुं मैं जिसकी ...
डोर किसी और के हाथ है ......
वो भाती हुं मैं ....
जो अपने अस्तित्व को मिटा कर ......
अंधेरे को रोशन करती है ......
वो किरण हुं मैं ...
जो बुझे हुए में भी हिम्मत भर्ती है ......
इस खामोश नगरी का अनकहा शोर हुं .....
उगती है सारी दुनिया जिसमें ...
मैं वो भोर हुं ......
इस पवन के जैसा एक एहसास हुं......
सूरज की लाली समाई है जिसमें......
उस माथे की बिंदिया जितनी खास हुं ......
पायल की खन खन का मैं शोर हुं.......
सुनाई देता जो तुमको हर ओर हुं........
आखों की शरमो हया हुं.......
आंचल में छुपी मां की दुआ हुं.....
खुदा का ईमान हुं मैं.......
आसमान है जिसकी मंजिल ....
वो नारी का स्वाभिमान हुं मैं.........

वो कहते हैं – मैं आज़ाद हुं

वो कहते हैं – मैं आज़ाद हुं.......
उस खुदा की दी हुई एक सौगात हुं.......
पर.... क्या सचमुच मैं आज़ाद हुं.......
अंग्रेजी स्कूल में तो पढ़ रही हुं......
पर अपनी पहचान के लिए आज भी लड़ रही हुं.....
कन्या के रूप में पूजन तो होता है.....
पर फिर भी नजाने क्यों औरत का दर्जा आज भी छोटा है.....
मेरी आज़ादी का ढोल बजाया जाता है.......
और उसी ढोल की आड़ में......
मेरे सपनों को ताला लगाया जाता है ......
वैसे तो घर की बेटी को गले लगाया जाता है....
और दहेज ना मिलने पर......
उसी घर की बहु को जिंदा जलाया जाता है.....
ज़िंदगी तो जी रही हुं.......
पर मेरे अपने तरीके से इसको बिताना.....
शायद किसी को स्वीकार नहीं.....
अपने हक के लिए बोलने का.....
शायद मुझको अधिकार नहीं.....
फिर कैसे कह सकते हो तुम......
कि मैं आज़ाद हुं.......
दहेज़ और रेप की आड़ में मारने वालों.....
सोचो जरा.....
क्या सचमुच मैं आबाद हुं......

आखिर क्यों मुझको कोई अधिकार नहीं???

कौन हुं मैं, क्या बताऊं तुमको.....

अपने अस्तित्व की क्या पहचान कराऊं तुमको....

मेरी खिलखिलाती हुई तस्वीर से क्यों तुमको गुरेज है.....

मेरे खुल कर जीने से क्यों इस समाज को परहेज़ है........

आखें नीची करके रखो.....

धीरे से बात करो......

क्यों हर बार मुझे यह समझाया जाता है ......

लड़की हो तुम ......

क्यों बार बार मुझको यह बताया जाता है ......

क्यों मैं मौन रहुं ......

सब कुछ कर पाने के बाद भी .....

क्यों मैं गौण रहुं......

क्या घर की चार दीवारी ही मेरा मुकाम है.....

अगर पंख फैला कर उड़ने की कोशिश करूं तो.....

क्यों हो जाता मेरा नाम बदनाम है.......

तुम अपनी हार जिद् पुगाते हो.....

फिर क्यों मेरे सपनों पे ताला लगाते हो......

लड़कियां कोई श्राप तो नहीं.....

लड़की हुं तो क्या हुआ.....

लड़की होना कोई पाप तो नहीं......

और अगर है नहीं यह अपराध कोई.....

तो फिर क्यों मुझको कोई अधिकार नहीं??
सपने देखना, उन सपनों को जीना, अपनी पहचान बनाना.....
क्यों किसी को स्वीकार नहीं???
आखिर क्यों मुझको कोई अधिकार नहीं???

एक औरत आज भी महफूज नहीं है

काली रात के अंधेरे में.....

हुई थी शिकार वो.....

अंधेरा भी मुरझा गया ......

देख कर बेसहारा उस लाचार को ......

कांप उठी इंसानियत भी .....

देख कर ऐसी दरिंदगी .....

छोड़ा नहीं उन हेवानों ने.....

नोच ली उसकी ज़िंदगी......

क्या कोई है ऐसा......

जो उसकी आबरू की हिफाज़त करे......

क्या कोई है ऐसा......

जो उसे धूल ना समझ कर उसके लिए लड़े....

अरे मैं पूछती हुं.....

क्या औरत का रुतबा.....

बस तुम्हारे जूतों की धूल है.....

कोई बताओ तो सही.....

एक औरत...एक लड़की.....आखिर कहां महफूज है....

अपने शहर अपने गली मोहल्ले में भी .....

उसकी आबरू पर बेतहाशा खौफ है.....

उसकी रूह को झिंझोड़ने वाले .....

हर जगह पे मोजूद है......

पूछो उस बाप से.....

जो अपनी गुरूर की राख को समेट रहा है....
जरा पूछो उस मां से ....
जिसकी मरी हुई बेटी की तस्वीरें .....
आज पूरा जमाना देख रहा है....
जरा बताओ मुझको.....
इन सब में तुम खुद को कहां से इंसान बताते हो.....
और जब हो ही नहीं इंसान तुम ....
तो क्यों अपनी इंसानियत का ढोल बजाते हो??
बेशक तरक्की होगई है आज ....
हर गांव हर शहर की....
पर औरत आज भी महफूज नहीं है.....
उसकी आबरू पर आज भी खौफ वही है.....
एक औरत आज भी महफूज नहीं है......

औरत हुं ना!!!

मैं वो हुं......
जो वेदों में अबला नारी कहलाती है.....
मैं वो हुं.....
जो जन्म लेने से पहले ही मार दी जाती है.....
मैं वो हुं ....
जिसकी चीख पुकार सुनकर भी ....
लोग अनजान बनते हैं.......
मैं वो हुं ...
जिसको पूजनीय कहकर भी .....
लोग उसका अपमान करते हैं ......
मैं वो हुं ......
जो एक घर को दीए सा रोशन बनाती है.......
मैं वो हुं ....
जो उसी रोशनी के लिए हर पल खुद को जलाती है........
मैं वो हुं.......
जिसे कुदरत का करिश्मा बताया जाता है .....
मैं वो हुं.....
जिसे शायद करिश्मा समझ कर ही .....
ताउम्र पिंजरे से मिलवाया जाता है.....
मेरी हस्ती बड़ी अजीब है.....
औरत हुं ना!!!
 शायद इसीलिए तमीज में रहना ही मेरी तहज़ीब है.......

किस बात का तुमको मैं जवाब दूं.......

लड़की हुं तो क्या हुआ .....

क्यों हर बात का तुमको मैं हिसाब दूं.......

पैदा होते ही बंदिशे लगा दी........

यह नहीं करना, वो नहीं करना.....

आखिर क्यों तुमने मेरी सारी खुशियां जला दी .....

मेरे कपड़ों से क्यों तुमको तकलीफ है.....

क्या कपड़े ही मेरे कैरेक्टर की मुरीद हैं........

मुझे तुम तहज़ीब सिखाते रहे......

आखें नीची करके रखो, धीरे से बात करो.....

यह सब सारी जिंदगी बताते रहे.....

पर आज....एक सवाल मैं तुमसे करती हुं......

कहां गई थी तुम्हारी तहजीब उस वक्त.....

जब तुम्हारे दिए कपड़ों में भी मुझे घूरा जा रहा था......

कहां गई थी तुम्हारी अकड़......

जब आखें नीची करने पर भी मुझे छेड़ा जा रहा था.......

कहां गई थी वो फिकर.....

जब दाज़ के लिए मुझे जिंदा फूंका जा रहा था......

कहां गई थी तुम्हारी परवाह.....

जब कोख में ही मुझे मारा जा रहा था ....

सारी जिंदगी तुमने मुझे तहज़ीब सिखाई.....

पर एक बात तो बता.....

तुमने कब और कहां इंसानियत दिखाई???
ऐ मुझे तहज़ीब सिखाने वाले.....
अब तू एक बात याद रख......
कन्या पूजन से लेकर काली रूप तक ......
इस लड़की का सिर अब स्वाभिमान से उठेगा....
अपने हक के लिए ......
पूरी दुनिया से लड़ेगा........
इस लड़की का सिर अब स्वाभिमान से उठेगा......

प्यार आखिर है कहां??

कवियों की महफिल सजी थी.......

हर कली गुलाब की आज फिर से खिली थी .....

सोच समझ कर अल्फाजों को चुन रहा था .....

हर कोई आज अपने ही अंदाज में प्यार को बुन रहा था ....

लेख थे लिखारी थे .....

लिखने वाले आज सब पर भारी थे.......

कोई प्यार को जन्नत बता रहा था........

तो कोई मन्नत से काम चला रहा था ...

किसी के लिए प्यार खुदा का दर था ...

तो किसी के लिए मेहबूब का घर था ......

इन सब में मैं नजाने किस सोच में थी.....

या शायद आज भी सच्चे प्यार की खोज में थी....

एक सवाल जो मेरे अंदर नाच रहा था ...

प्यार आखिर है कहां???

मेरा दिल इसका जवाब मांग रहा था .....

जब देखा आस पास.....

तो आज के रिश्तों की नुमायिशें थी.......

प्यार के नाम पर........

गर्लफ्रेंड – ब्वॉयफ्रेंड की तरह तरह की फरमाइशें थीं....

कोई फूल लिए जा रहा था .....

तो कोई अल्फाजों से मन बहला रहा था.......

कोई खुद को इस हक का हकदार बता रहा था.....

तो कोई खुद को मोहब्बत का सरदार बता रहा था....

पर जज्बात कहां थे......

चिट्ठियों में लिखे हुए वो दिन और रात कहां थे....

सच्ची मोहब्बत के आलम में लिपटी हुई ......

किसी पुरानी किताब में सूखे हुए फूल की खुशबू कहां थी......

आखों ही आखों में होने वाली वो गुफ्तगू कहां थीं.....

प्यार में डूब गया था सारा जहान ....

पर फिर भी सवाल वही था ......

प्यार आखिर है कहां???

ढूंढते ढूंढते शाम को मैं घर पहुंची........

तो देखा मां इंतजार में बैठी थी.......

मुझे पहले खाना खिलाने के लिए......

खुद भूख के द्वार पे बैठी थी.......

रखा जब हाथ उसने सिर पे........

तो दिल था भर आया........

देख मां की ममता ....

मुझे प्यार का सही मतलब था समझ आया ......

आज हर सवाल का जवाब था मिल गया.......

मां के आंगन में प्यार नाम का फूल था खिल गया........

हां प्यार है वहां ....

जहां हर मन्नत मेरी कबूल हुई........

हां प्यार है वहां ....

जहां जन्नत भी मां के पैरों की धूल हुई ....

जहां जन्नत भी मां के पैरों की धूल हुई........

बंटवारा

किस से सीखूं में रब की बंदगी.......

सब लोग तो रब का बंटवारा किए बैठे हैं......

जो कहते हैं कण कण में भगवान हैं......

वही तो मंदिर, मस्जिद , गुरुद्वारा लिए बैठे हैं.....

कहने को हम एक देश के वासी हैं......

पर बंटवारे की आड़ में लगे सब परवासी हैं.......

गुरुओं की धरती को बांट दिया.......

अल्लाह के नाम को ही इस धर्म ने छांट दिया....

गणतंत्र दिवस पे सब बढ़ चढ़ कर बोलेंगे ......

अपने डीपी, स्टेटस में खूब दिल खोलेंगे ....

पर क्या सच में कोई सच्चा देश का भक्त है????

समानता और इंसानियत हो जिसमें.....

ऐसा कोई शख़्स है?????

हम भारत जैसे देश में रहते हैं ......

जहां ब्यास, रावी, चेनाब, झेलम, सतलुज ......

जैसे पांच दरिया बहते हैं.......

ऋषि मुनियों की धरती है यह.....

फिर भी क्यों धर्म की वजह से खून के आंसू भारती है यह.......

हर धर्म कहता एक ही बात है ...

उस एक खुदा ने बनाई हर जात है ......

जब हमको रचने वाला एक है .....

फिर क्यों हमने बंटवारे किए अनेक हैं????

धर्म

भारत देश की क्या में बात करूं ......

हर धर्म की यहां मैं जय जय कार करूं ....

हर धर्म कहता एक ही बात है.....

उस खुदा ने बनाई हर एक जात है.....

फिर क्यों लड़ते है लोग ......

धर्म के नाम पर ......

क्यों झगड़ते हैं लोग .....

तू अल्लाह बोल चाहे कान्हा बोल .....

वो ऊपरवाला तो हरदम तेरे साथ है........

बस फर्क सिर्फ इतना है कि........

तू ही ना समझे उसकी बात है.......

ऐ बंदे........

तेरा डर तुझे डराता है ....

वो खुदा तो हरदम तेरा साथ निभाता है ......

तू कोशिश तो कर उसे अपनाने की ......

फिर देखना ...

वो कितनी कोशिश करेगा तेरी जिंदगी हसीन बनाने की........

आखिर कहां है इंसान??

उस एक खुदा ने बनाया हर इंसान है......

लड़का हो या लड़की......

उसी की कलम का निशान है ....

पर फिर भी भेदभाव करते हैं लोग ....

लड़के और लड़की में अक्सर चुनाव करते हैं लोग ....

मांगी जब मैंने समानता.......

तो आखें मूंद कर खड़ा होगया सारा जहान था ....

दफना दिए जज्बात सारे .....

दफना दी हर बात ......

कब्र खोद के मेरी ....

ऊपर से गुजर गया हर इंसान .....

रूह मेरी सारा नज़ारा देख रही थी......

लाश जलने के बाद .....

अपनी ही राख को समेट रही थी ......

बस एक बात जो अधूरी सी रह गई .....

पूछते पूछते बस मन में ही कहीं बह गई ....

आखिर कहां है इंसान????

क्या भेदभाव करते करते .....

बन गया हैवान ...

आखिर कहां है इंसान????

क्या दस्तूर

- यूं चलते चलते एक दिन जिंदगी गुजर गई .....
  ना प्यार की कद्र हुई ...
  ना दिल से चाहने वालों की........

- क्या दस्तूर है जमाने का ......
  हम करते रहे बेइंतहा मोहब्बत जिनसे ......
  उनको चाहिए था मौका हमें आजमाने का.....

- हमने तो पाकर भी सब कुछ खो दिया .....
  कहा जिनको अपना ...
  उन्होंने बीच मजदार में ही हमें डुबो दिया......

- सहते रहे दुनिया का हर सितम आखें मूंद कर....
  पर जब साथ छूटा उनका.....
  तो कैसे बिताए जिंदगी किसी और का साथ ढूंढ कर......

- आज हमारी किस्मत हम पर हंस रही ......
  हमने पूछा तो कहने लगी ....
  तू तो प्यार करके जिंदगी के समंदर में ही फंस गई ....

- इन सवालों का जवाब ढूंढते हुए समंदर ही पार होगया........
  किनारा तो मिला......
  पर मंजिल तक पहुंचने का रास्ता ही ख्वार होगया........

- क्या दस्तूर है जिंदगी तेरा ....
  मर के इंसान तैरे उचाईयों पे.......
  जिंदा इंसान मरता जा के गहराइयों में......

- देख तमाशा दुनिया का ....
  दिल किया कुछ लिख दूं.......
  ज़िंदगी की किताब को.....
  मोहब्बत के रंग में रंग दूं......

- यही सोच उठाई मैंने कलम अपनी......
  और बना दिया एक अक्स सा........
  जिसमें चेहरा बना हर प्यार करने वाले शख़्स का..........

खुदा की मेहरबानियां

खड़खड़ाहट की आवाज़ आई ...

देखा जब दरवाज़े की और......

तो एक बच्चे ने थी पुकार लगाई.......

फटे पुराने कपड़े थे ...

पर आखों में बेइंतहा सपने थे.......

नन्ही सी वो जान थी ....

जिसे देखकर मैं हैरान थी ....

वो नन्ही सी जान अपने हक से भी अनजान थी........

एक रोटी क्या दी मैंने उसको ...

उसके चेहरे पे आ गई मुस्कान थी ....

एक कश्मकश सी थी मेरे दिल और दिमाग में.....

उस बच्ची को एक रोटी का शुक्र मनाते देख .....

नजाने जल रही थी मैं किस आग में ....

मेरे खुदा की मेहरबानी है मुझ पे ....

जो यह घर है परिवार है ...

पहनने को मेरे पास कपड़े हजार है ....

सब कुछ होते हुए भी "मैं ही क्यों" ....

हर बार मैं यह कहती हुं ......

और उस बच्ची को देखो ...

क्या मैं उससे भी ज्यादा ज़िंदगी के जुल्म सहती हुं.......

आज कुछ ना होते हुए भी ....

वो अमीर बन गई .....

इस सवाल से ...

मुझे मेरी ही नजरों में वो गरीब कर गई .....

उस खुदा की मेहरबानियों को हम अक्सर नजरअंदाज करते हैं.......

सिर्फ दुख और तकलीफ में ही उसको याद करते हैं.......

आज वो नन्ही सी जान मुझे सही रास्ता दिखा गई ....

उस रब की मेहरबानियों की कद्र करना सिखा गई ....

कुछ सवालों के जवाब नहीं होते

- कुछ सवालों के जवाब नहीं होते ....
  समंदर भी हर बार खुली किताब नहीं होते .....
  क्यों, क्या, कब इन बातों के हिसाब नहीं होते...
  कुछ सवालों के कभी जवाब नहीं होते ......

- कुछ इस तरह सुलझ जाती हमारी जिंदगी ....
  जो हर चेहरे पे पड़े यह नकाब नहीं होते .....
  क्यों, क्या, कब इन बातों के हिसाब नहीं होते....
  कुछ सवालों के कभी जवाब नहीं होते.....

- चांद भी आज हमारे घर पे रोशन होता ......
  जो यह तारे उस ग्रहण के कर्ज़दार नहीं होते ....
  क्यों, क्या , कब इन बातों के हिसाब नहीं होते....
  कुछ सवालों के कभी जवाब नहीं होते.....

- मेरे अंदर का तूफान अगर थम जाता .....
  तो आज इन पन्नों पे यह अल्फाज मेहरबान नहीं होते .....
  क्यों, क्या, कब इन बातों के हिसाब नहीं होते....
  कुछ सवालों के जवाब नहीं होते ......

मासूम सी लड़की

एक अर्से से बंद पढ़ी किताब को खोलने जा रही हुं........
थी नहीं मैं ऐसी ......
जैसी खुद को दिखा रही हुं........
एक खिलखिलाने वाली रूह ....
जो अपने ही उसूलों पे चलती थी ....
दस्तक दिए खड़ी रहती जिंदगी दरवाज़े पे....
पर वो ना संभलती थी .....
एक ज़िद्दी मासूम सी लड़की ......
जिसकी मंजिल पूरा आसमान था ...
जमीन पर रहकर भी जिसने .....
बुन लिया सपनों का जहान था ....
मोहब्बत में यकीन करती......
मोहब्बत पे ही मरती थी ....
इस दुनिया की बेपरवाहियों से बहुत दूर ....
वो खुद ही खुद में रहा करती थी ......
लोगों की भीड़ से अनजान थी ....
छुपे हुए उन चेहरों से ...
वो बहुत हैरान थी .....
मूरत थी रेत की ...
जिसको हवा ने गिरा दिया .....
पंख फैला कर उड़ना चाहा ...
तो मिट्टी में मिला दिया ...

पर हवाओं ने उसका हौंसला........

जो आज भी बुलंद था ....

वो कमसीन बेचारी सी लड़की ....

जिसका हो रहा अपनी ही जिंदगी से द्वंद था....

वो कभी हार ना मानने वाली लड़की ....

आज अपनी कलम से कहानियां बुन रही है .....

अपनी रूह पर पड़े जख्मों की निशानियों बुन रही है ......

बस फर्क सिर्फ इतना है कि ......

वो बेवजह मुस्कुराने वाली लड़की ......

आज नाप तोल कर मुस्कुराया करती है .....

छोटी सी चोट पर पूरा घर सिर पे उठाने वाली.....

आज बड़ी से बड़ी चोट भी हस कर सह जाया करती है ...

वो ज़िद्दी मासूम सी लड़की......

जो मुझमें समा कर ......

मुझ जैसी लड़की बन जाया करती है .....

मां मैं तुम जैसी हुं

आज अपने पुराने मेडल्स की तरफ देखा तो .....

यादों ने मेरे आस पास .....

एक घेरा सा बना लिया था.......

कॉलेज को पॉपुलर लड़की होना ......

अपने ग्रुप को लीडर होना ......

सब आईने की तरह मेरे सामने था ......

उस वक्त देखे गए वो सपने .....

वो आसमान को छुने की चाहत .....

वो आज भी उन मेडल्स में से कहीं ना कहीं मुझे नजर आ रही
थी ...

पर जिंदगी ..... जिंदगी तो एक अजीब सा मोड़ ले चुकी थी
....

और उस मोड़ में वो सपने , वो ख्वायिशें नजाने कहीं गुम हो
चुके थे ....

लोग अक्सर कहते थे कि ...

मां मैं तुम जैसी हुं ......

मेरा स्वभाव तुम जैसा है ....

तो मैं अक्सर मुस्कुरा दिया करती थी .....

और तुम्हें देख कर तुम जैसा बनने की कोशिश करती थी
......

पर आज..... जब उन मेडल्स के साथ अपने सपनों को
अलमारी में बंद किया ...

तो यकीन हुआ ...

कि मां मैं सचमुच तुम जैसी हुं ......

मां तुम सब्र बहुत करती हो .....

आज तुम्हारी तरह मैं भी सब कुछ छोड़ .....

बस रिश्ते निभा रही हुं ....

अपनी मुस्कुराहट की परवाह किए बिना ....

बस अपनों को देख कर मुस्कुरा रही हुं ....

इन रिश्तों को संजोते संजोते ......

एक शांत सी नदी बन चुकी हुं.....

जो शायद पत्थर खाने पर भी ......

पलट कर जवाब नहीं देती ......

और उन पथरों को भी अपने अंदर समा कर.....

थोड़ा सब्र रख कर .....

निरंतर अपने वेग में बहती रहती है .....

आज जब खुद को आईने के सामने खड़ा देखती हुं...

तो हैरान होती हुं .....

और तब यकीन होता है .....

कि हां मां कुछ तो है जो मैं तुम जैसी हुं ....

तुम भी सब्र बहुत करती थी .....

मैं भी सब्र बहुत करती हुं......

हां मां मैं सचमुच तुम जैसी हुं ......

मां के संस्कार

- हर कली गुलाब की हो आज जैसे सूख रही.....
मेरी दुनिया ही हो मानो जैसे छूट रही.......
कभी नन्ही सी परी कहलाती थी ...
गोद में उठा कर मां मुझे खिलाती थी ...
छोटी सी गुड़िया थी मेरी ....
जिसकी चोटियां मैं बनाती थी ....
मम्मी डांट लगाती तो ....
झट से छुप जाती थी ....
आज सब कुछ हुं छोड़ के जा रही ....
अपनी विदाई के समय सबको हुं मैं रूला रही.....

- कभी पिता के कंधो पे बैठ ....
सारा जहान देखती थी ....
यूं चलते चलते.........
सपने महान देखती थी ...
आज सब कुछ हुं छोड़ के जा रही ....
अपनी विदाई के समय सबको हुं मैं रूला रही.....

- कभी रूठना मनाना होता था ....
झगड़ा होता तो........
मम्मी का डांट लगाना होता था.........
गलती किसी की भी हो ....

पापा का मेरी साइड में आना होता था.......
फिर मुझपे भाई से ज्यादा प्यार लुटाना होता था.........
आज हर रिश्ता हुं छोड़ के मैं जा रही ...
अपनी विदाई के समय सबको हुं मैं रूला रही.....

- आज अपना घर छोड़.....
  पराए घर को जा रही हुं ......
  मां तेरे दिए संस्कार......
   मैं संग ले जा रही हुं.....

- हर रिश्ता छोड़......
  मैं आज नए रिश्ते बना रही हुं.......
  मां तेरे दिए संस्कार ....
  मैं संग ले जा रही हुं........

- जाते जाते एक वादा मैं तूझसे कर रही हुं.....
  जैसे संजोया है तूने हमारे घर को ......
  वैसे मैं भी हर रिश्ता निभाऊंगी ....
  बस भरोसा रखना तू मुझ पर .....
  मैं तेरे दिए संस्कारों की लाज ....
  सदा बचाऊंगी!! सदा बचाऊंगी!!

हम अजनबी से खास होगए

कुछ बातें जो मैं आज बताना चाहती हुं ......

आज तुम पे मैं हद से ज्यादा प्यार जताना चाहती हुं.......

कभी मिली नहीं थी मैं तुमसे .....

फिर भी नजाने क्यों तुम मेरे इतने पास हो गए........

अभी महज़ दो ही तो महीने हुए हैं ...

हम अजनबी से खास हो गए ...

शायद अब तुम मुझे जानने लगे हो .....

मेरे अंदर के बिखरे हुए टुकड़ों को अब पहचानने लगे हो.......

हां शायद इसीलिए मैं तुम्हारी मुस्कुराहट के पीछे का दर्द
समझ लेती हुं.......

तुम्हारी आखों में पानी आए ....

इससे पहले खुद ही रो देती हुं ...

नजाने क्या है यह ......

मैं आज भी इससे अनजान हुं ......

प्यार की इस भाषा के लिए ...

मैं शायद अभी भी नादान हुं .....

सोचा भी ना था कभी ....

कि यूं किसी से प्यार होगा ...

लिखूंगी किसी के लिए.......

और इस कद्र जुबान से इजहार होगा ....

तुम क्यों आए कब आए ...

मैं कुछ भी नहीं जानती हुं......

मुझे मिलोगे भी या नहीं ......
मैं तो यह तक भी ना पहचानती हुं .....
पर हां आज एक बात कहना चाहती हुं .....
मैं हमेशा तुम्हारे दिल में रहना चाहती हुं .....
सारी दुनिया को एक तरफ कर......
बस तुम पे प्यार जताना चाहती हुं ...
मैं सिर्फ और सिर्फ तुम्हारे दिल में रहना चाहती हुं ....

लोग समझते नहीं अल्फाज़ मेरे

- लोग समझते नहीं अल्फाज़ मेरे ....
  और तुम मेरी खामोशी भी जान जाते हो .....
  मेरी आखों को पढ़ कर .....
  मेरी धड़कन तक पहचान जाते हो ......
  लोग समझते नहीं अल्फाज़ मेरे ...
  और तुम मेरी खामोशी भी जान जाते हो .....

- मेरे बिखरे हुए टुकड़ों को स्वार के......
  मुझे मुझसे ही चुराते हो ...
  मुस्कुरा कर अगर मैं कह भी दूं " मैं ठीक हुं".........
  तो तुम बिना कुछ कहे बस मुझे गले लगा लेते हो ...
  लोग समझते नहीं अल्फाज़ मेरे ...
  और तुम मेरी ख़ामोशी भी जान जाते हो .....

- कोई रिश्ता नहीं तुम्हारे साथ ......
  पर फिर भी तुम अपना हक जताते हो ......
  अगर पुछूं मैं वजह तुमसे ...
  तो तुम इसे बस प्यार बताते हो ......
  लोग समझते नहीं अल्फाज़ मेरे ....
  और तुम मेरी ख़ामोशी भी जान जाते हो .....

- बेशक खुली किताब हुं मैं.......
  पर फिर भी सब मुझसे अनजान हैं.....
  तुम्हें तो कुछ बताया भी नहीं मैंने.....
  फिर भी तुम्हें कैसे पता सब ...
  यही सोच कर हैरान हुं मैं ....
  तुम मुझे मुझसे चुरा के......
  मुझे मुझसे ही ज्यादा पहचान जाते हो .....
  लोग समझते नहीं अल्फ़ाज़ मेरे .....
  और तुम मेरी ख़ामोशी भी जान जाते हो.......

मेरा चांद मुझे मनाने आया है

* अरे देखो देखो ......
  आज मेरा चांद मुझसे गप्पे लड़ाने आया है ....
  मैं रूठ गई थी ना ...
  तो वो मुझे आज मनाने आया है.......

* बचपन से देखती आई हुं उसको ......
  दिल की बातें जुबान से कहती आई हुं उसको ....
  आज देखो तो सही .....
  वो उन्हीं बातों से मुझे मुझसे चुराने आया है.....
  आज मेरा चांद मुझे मनाने आया है.......

* कल अंधेरी रात में वो मुझे तन्हा कर गया था....
  मुझे अकेला छोड़ नजाने किसके घर गया था ....
  आज वो कल रात का भी प्यार लुटाने आया है.......
  आज मेरा चांद मुझे मनाने आया है ......

* बचपन की मोहब्बत ने रंग दिखा दिया .....
  बुढ़ापे तक आते आते मेरे चांद को मेरा बना दिया ....
  उन्हीं यादों से ही .....
  वो आज मुझे रिझाने आया है ......
  आज मेरा चांद मुझे मनाने आया है ......

वो मोहब्बत ही क्या

वो मोहब्बत मोहब्बत ही क्या ....

जिसमें टूट कर किसी को चाहा ना हो ......

वो मोहब्बत मोहब्बत ही क्या ....

जिसमें नदी ने अपने आंचल में झरने को समाया ना हो ....

वो मोहब्बत मोहब्बत ही क्या ...

जिसमें रात ने चांद तारों को अपनाया ना हो ....

वो मोहब्बत मोहब्बत ही क्या ......

जिसने बिना पिए नशा चढ़ाया ना हो .....

वो मोहब्बत मोहब्बत ही क्या ......

जिसमें टूटने के बाद भी दिल ने मोहब्बत को एक और बार
आजमाया ना हो ....

वो मोहब्बत मोहब्बत ही क्या .....

जिसमें उसकी पल पल याद का दर्द समाया ना हो ....

वो मोहब्बत मोहब्बत ही क्या .....

जिसमें लभों पे उसका नाम आया ना हो .....

वो मोहब्बत मोहब्बत ही क्या ....

जिसमें दुआओं में उसने अपना घर बनाया ना हो ....

यह मोहब्बत है जनाब .....

कोई चंद लफ्जों का खेल नहीं .....

यह तो वो खुदा है .....

जिससे होता हर किसी का मेल नहीं ......

ऐ मोहब्बत ...

तुझे ब्यान करना इतना आसान नहीं .....
लेकिन फिर भी मैं लिख रही हुं ...
क्यूंकि तेरे बिना इंसान इंसान नही ....

एक तरफा मोहब्बत

आखों ही आखों में बात हो गई ......
तेरी मेरी मुलाकात हो गई ...
ख्यालों में खुद को खो दिया ....
चांद तारों में सपनों को पिरो दिया ......
कुछ कहे अनकहे अल्फाज़ हैं.......
चाह कर भी ना पहुंचे तुम तक ....
कुछ ऐसे मेरे दिल के साज हैं ......
हर नई रचना के साथ होता है जन्म तुम्हारा ....
तुम जान कर भी अनजान हो ......
या खुदा ...... यह कैसा है जुल्म तुम्हारा ......
तेरे एहसास में बड़ी अजीब सी राहत है .....
हर गम भुला दे ऐसी तेरी चाहत है ....
मेरा दिमाग मुझे समझा रहा है ......
फिर भी नजाने क्यों यह दिल धोखा खा रहा है........
दिन ढले तो तुझे याद करूं......
आईने के सामने बैठ तेरे लिए ही श्रृंगार करूं....
जानती हुं तू नहीं है मेरा ...
फिर भी नजाने क्यों तुझी से प्यार करूं.....
हर पल हर घड़ी तुझे ही याद करूं ...
यह एक तरफा मोहब्बत भी क्या चीज़ है ....
कमबख्त.....दिल खुद ब खुद मरने को अजीज है.........
ना ही तू किस्मत ना ही तू मेरा नसीब है....
यह एक तरफा मोहब्बत सच में बहुत अजीब है.........

पिता

पिता वो है ...
जिसके कंधों पे बैठ पूरा जहान देखा ....
मासूमियत से जवानी तक ....
खुद को जवां देखा ....
जेब चाहे खाली भी थी ......
पर फिर भी कोई कमी ना थी ...
क्या तारीफ करूं मैं उस इंसान की ...
जिसमें दर्द होते हुए भी ....
आखों में नमी ना थी .....
औलाद के लिए हर सुख कुर्बान कर दिया ....
अपने शौंक, अपनी खुशियां मार कर ...
खुद को वीरान कर दिया ......
थका होने के बाद भी ......
वो मुस्कुराते हुए घर आता है ...
कुछ ना होते हुए भी .....
हमारी हर ज़िद्द पुगाता है ....
गलती चाहे किसी की भी हो .....
वो बस अपनी गुड़िया से लाड़ लड़ाता है .....
बेटे को बाइक दिलाने के लिए ......
वो खुद का खाना तक भूल जाता है ...
क्या लिखुं मैं उस इंसान के बारे में.......
जिसके पसीने की हर बूंद .....

हमें जीना सिखाती है......

जुबान पे भले ही कुछ ना हो .....

पर आखें ...... आखें उसके अंदर की गहराई बताती हैं......

बिना मजबूरी समझे औलाद जिससे रूठ जाती है ....

वो पिता ही है.....

जिसकी हर कोशिश ...

हमारे चेहरे पे मुस्कान ले आती है ....

जिंदगी

जिंदगी भी बहुत अजीब है ना ......

जितना सुलझाने की कोशिश करूं......

उतना ही उलझा रही है.......

हर कदम पे .....मुश्किलों के साथ साथ मेरा हौंसला भी बढ़ा रही है.......

कभी कौरे पन्नों को उम्मीद से सजाती है.....

तो कभी उसी उम्मीद को उड़ा कर ......

दूर कहीं ले जाती है ...

कभी हालातों की मजबूरी सुनाती है ...

तो कभी मजबूरी में भी नजाने कहां से खुशी ढूंढ लाती है.........

हर दिन तेरा कोई मसला है ...

हर दिन तुझसे कोई नई शिकायत .....

अगर शिकायतों की बात करूं तो ......

ऐ जिंदगी .... तू खफा हो जाएगी मुझसे .....

इतनी खुदगर्ज है ......

पर फिर भी सच बात बोलूं.....

तो तुझमें एक उम्मीद है ......

वो उम्मीद जो हर मुश्किल में मेरा हौंसला बढ़ाती है ....

वो उम्मीद जो हार कर भी जीतना सिखाती है.......

वो उम्मीद जो ना होकर भी मुझे हिम्मत दे जाती है ......

वो उम्मीद जो शायद .....

मुझे मुझसे मिलवाती है ....